U0912183

精益备课法

在课堂上少做多得的实用方法

[英]佩普斯·麦克雷 **Peps Mccrea** 著

A Practical Approach to Doing Less and Achieving More in the Classroom

LEAN LESSON PLANNING

中国青年出版社

图书在版编目（CIP）数据

精益备课法：在课堂上少做多得的实用方法 /（英）佩普斯·麦克雷著；唐玥译.
—北京：中国青年出版社，2023.9
书名原文：Lean Lesson Planning: A Practical Approach to Doing Less and Achieving More in the Classroom
ISBN 978-7-5153-7008-8

Ⅰ. ①精… Ⅱ. ①佩… ②唐… Ⅲ. ①备课－教学研究 Ⅳ. ①G424.21

中国国家版本馆CIP数据核字（2023）第139623号

Lean Lesson Planning: A Practical Approach to Doing Less and Achieving More in the Classroom
Copyright © 2015 Peps Mccrea
Simplified Chinese translation copyright © 2023 by China Youth Press.
All rights reserved.

精益备课法：在课堂上少做多得的实用方法

作　　者：[英] 佩普斯·麦克雷
译　　者：唐　玥
责任编辑：肖妩嫔
文字编辑：侯雯洁
美术编辑：杜雨萃
出　　版：中国青年出版社
发　　行：北京中青文文化传媒有限公司
电　　话：010-65511272 / 65516873
公司网址：www.cyb.com.cn
购书网址：zqwts.tmall.com
印　　刷：大厂回族自治县益利印刷有限公司
版　　次：2023年9月第1版
印　　次：2023年9月第1次印刷
开　　本：787mm × 1092mm　1/16
字　　数：50千字
印　　张：9
京权图字：01-2022-6540
书　　号：ISBN 978-7-5153-7008-8
定　　价：49.00元

中青版图书，版权所有，盗版必究

版权声明

未经出版人事先书面许可，对本出版物的任何部分不得以任何方式或途径复制或传播，包括但不限于复印、录制、录音，或通过任何数据库、在线信息、数字化产品或可检索的系统。

目录 Contents

作者寄语

我希望各位教师读者能在教学之路上越走越好，越走越远，支持你们是我的热情所在。如果你对这本书有任何建议，欢迎你联系我。我非常乐意听到你的想法。

如果这本书对你有帮助，还烦请你把它分享给更多有需要的人，比如，推荐给你的同事，写一篇博文，甚至是留一条简短的书评。

祝你备课快乐！

佩普斯

导言

为何要读这本书?

任何想要精进教学水平的教师都可以读读这本书。

这本书为教师们准备了一整套思维模型与习惯，你可以利用这些工具挖掘出你教学中最具影响力的部分。然后，在接下来的教学工作中把好钢都用在刀刃上。

阅读本书，让你的教学事半功倍。

这本书也旨在提升你的教学幸福感与自信心。如果你所重视的要素能像呼吸一样融入你的日常惯例之中，那么你就会拥有更多的时间与空间来肯定自己的工作，发挥创意。

献给妈妈、爸爸和所有了不起的传奇教育家们。

阅读须知：如何书尽其用？

在教师与教师培训师这两个岗位上，我积累了不少教学经验；在帮助数百名教师提高教学水平的过程中，我也收获了各种心得和反思。我将所有的经验教训收集起来，凝结成册，铺展在你面前。

在这本书中，我竭尽所能把最具说服力的事实呈现在大家面前，向各位介绍了多种在课堂上行之有效的教学策略。

我在书中大量引用了约翰·哈蒂（John Hattie）、迪伦·威廉（Dylan William）和道格·莱莫夫（Doug Lemov）等教育界权威人士的理念。因此，这本书里的许多观点大家也许并不陌生。我只是从备课这个主题入手把它们重新阐释了一遍。

你可能不会深入阅读一个详尽的教学理论，也不会纵观一整张职业发展蓝图。但是，你可以以这本书提到的工具和策略作为出发点，在你的课堂上开启属于你自己的教学实验之旅。

考虑到有时候太过具体反而会限制应用的范围，本书并没有涉及太多详例。相反，你可以通过书里的“扪心自问”环节为自己的教学场景量身打造改进方案。

与其他任何提升自我的过程一样，付出才会有回报。没有行动，何谈改变?

请仔细斟酌书中提到的每一个问题，三思而后答。深思熟虑是事半功倍的重要铺垫。数学路漫漫，没有太多捷径。如果你只是想找法子缩短备课时间，那这本书并不能给你答案。

内容导览

《精益备课法》由三幕组成。

第一幕设定了大背景，概述了精益备课的定义、思维模型和习惯。第二幕详细论述了精益备课的核心习惯。最后，第三幕列出了一套策略，帮助教师管理个人和集体的进步。每一章末尾为你推荐了延伸阅读。

我尽量让文字言简意赅，方便你用更少的时间阅读，这样你会有更多时间将想法付诸实践。

现在请点燃你的心智火花，把这些内容一饮而尽吧。

延伸阅读区

如果你下定决心想要有所改进，我强烈建议你读读下面三本书：

- 约翰·哈蒂（John Hattie）的《可见的学习（教师版）》
- 道格·莱莫夫（Doug Lemov）的《刻意练习》
- 迪伦·威廉（Dylan William）的《融丁教学的形成性评价》

第一幕

精益的基石

基本概念

1　定义精益

2　4种精益思维模型

3　精益的习惯

1

定义精益

并非生命短暂，而是我们荒废了太多。

——塞涅卡，《论生命之短暂》

一旦社会出现什么问题，众人往往会求助于教育，以寻求出路。近年来，面临着动荡不定的社会，全球范围内的教师们都不得不经历前所未有的压力与期望。

然而，我认为，作为教师，我们面前最大的挑战并非来自外部社会，而是源于我们的内心。

这场撕扯是我们与自己的斗争。具体来说，令我们苦苦挣扎的几大问题是：

- 如何最好地规划和利用时间？
- 我应当把精力和注意力集中在何处？
- 我如何确保自己的行动与意图一致？

是的，这些都是老生常谈了，但是大环境的变化让问题愈加错综复杂，难以驾驭。因此，我们也不难理解，为什么在英国某些地区，50%的新教师在入职5年内便选择全身而退①。

在我看来，在现在这个时代，教育界最大的一个挑战就是帮助教师更充分地利用他们的时间。

如果要迎难而上，我们首先需要扪心自问，传统的备课模式是否仍适得其用。我迫不及待地想要开启这场对话与反思。

① 然而，很多专家学者会发文驳斥这个数据的真实性。

精益的含义

> 最美好的就是在最经常做的事中找到一个小小的可以改变的地方。
>
> ——亨利·艾林（Henry Eyring）

精益并不是一个新概念。它缘起于制造业，近来又被广泛应用于软件开发领域。

精益指的是优化生产力，让每一份投入都能发挥其最大的作用。要想实现精益，我们就需要把高影响力的活动置于优先位置，消除浪费，并循序渐进地改进。

在教育背景下，精益指的是教育工作者能从备课和教学的每一分钟里汲取尽可能多的知识与能力。

精益要求你把注意力集中在重要的事情上，同时一点一滴地改变日常惯例，积少成多，汇成江河。精益讲求的是事半功倍。

幕间小话

僵尸统计数据

僵尸统计数据（zombie statistic）指经常遭到驳斥却一直重复出现的不准确的统计数字、错误，等等。可阅读山姆·弗里德曼（Sam Freedman）的作品《一个僵尸统计数据的诞生》，以了解更多关于英国新教师离职率的信息。

扪心自问

吾日三省吾身，请时常扪心自问：

面对错综复杂的环境，传统的备课模式是否仍适得其用？

2

4种精益思维模型

思维模型的力量不可小觑。思维模型就像是镜片，而我们需要透过这些镜片来理解自我、认知世界，并参悟我们改变自我与世界的能力。

如果我们选错了思维模型，那么就算运用的策略正确，一切也是白费工夫。且不说进展缓慢又艰辛，你极有可能兜兜转转最后又回到了原点。

因此，我一直主张采用思维模型优先法。你可以以4种**精益思维模型**为地基，在它们之上添砖加瓦，搭建精益备课法的其他结构。这4种精益思维模型分别是：过程思维、帕累托思维、成长型思维和设计思维。

如果你已经在使用这四大思维模型了，那把它们用在精益备课上就是水到渠成。如果这是你第一次接触它们，那么一开始你可能会有些许不适应。

不管怎样，了解你面前有哪些选择，有意识地做出选择都是极有价值的。

过程思维

> 计划表毫无用处，筹谋却必不可少。
>
> ——德怀特·艾森豪威尔（Dwight Eisenhower）

表2.1 用过程思维精益备课

非精益思维	精益思维
把备课当作填写表格	把备课当作一种思考的过程

我们最好把备课看作是一个过程而不是一个产品。你可以把备课想成是一种能够帮你准备教学的思维习惯。

它不是一套你必须一板一眼遵循的固定程序，也不是一张被填写得无比精美的表格。

我们常常把教案和备课[①]混为一谈，好像它们就是同一回事儿。这一误区就导致备课变成了一个填表练习，而不是一个深思熟虑的过程。

① 英文原文是the plan and the planning，前者指的是做出的计划，后者指计划的过程。对应在教学语境中则是做出的教案与备课的过程。——译者注

当然，这并不是说教案不重要。教案这类材料有其用途，甚至在某些情况下是不可或缺的。不过，我们最好还是把教案归为思考的副产品，这样就够了。

帕累托思维

> 我从备课中学到的最重要的一点是，备课需要高效。所以我试着把备课过程中对教学影响最大的部分提炼出来，并确保自己（几乎）每天都会做这些事情。
>
> ——迈克尔·佩尚（Michael Pershan）

根据帕累托原则（或80/20规则），在生活中的许多方面，80%的影响力来自20%的投入。备课和教学也不例外。

表2.2 用帕累托思维精益备课

非精益思维	精益思维
尽可能地多做	做得更少，但是做得更好

也就是说，在备课期间，你大部分的影响力是由备课时所做所想的一小部分事情带来的。这就说明，备课过程中的某些部分比其他部分更富有成效。

每一份努力所产生的影响力并不是均等的。

精益备课讲求的是明确备课过程中能为教师带来最佳成效的部分，找出那些能带给你最多产出的工具和习惯，然后把备课的精力全部投入其中。

精益备课的核心就是做得更少，但是做得更好。

成长型思维

你如果熟悉卡罗尔·德韦克（Carol S. Dweck）的研究[1]，那就一定听说过成长型思维。备课是一个可习得的过程，不是什么与生俱来的天赋。卓越的备课者不是天生的，而是后天养成的。

表2.3　用成长型思维精益备课

非精益思维	精益思维
有的人天生就更擅长备课	训练得当，任何人都能游刃有余地备课

诚然，一些人有着出类拔萃的备课能力。不过在这里，我想要强调的是，你的备课能力掌握在你自己的手中。你多长时间

① 摘自播客文章《我如何备课：确认优先级》（*How I Plan: the Triage*）。——作者注

反思一次你的备课情况？你会投入多少精力来精进自己的备课方式？这些都是你可以自行决定的。

其实在很大程度上，你的备课方式也会受到周围同事的影响。学校的工作是忙碌的，各种变化层出不穷，让人应接不暇。因此，很多时候左右你备课的并不是你慎思明辨之后挑选出的重点，而是你周遭的情况。

设计思维

不会计划就是计划着失败。

——阿兰·拉金（Alan Lakein），

《如何掌握自己的时间和生活》

想象你正在建造一座桥。某一天，你想要做一些重大的改动，你会选择去与施工方还是与建筑师沟通？

当然，在理智的情况下，这两个人你都会去找。不过，在其他条件一致的情况下，选择与建筑师进行沟通，会从根本上带来更为深远的变化。

教学也是这个道理。相较于课堂教学的调整，备课上的变动往往会带来更多实质性的改进。

其中一个原因是，教室是一个“热”环境。每堂课上，教师要做出的决定就算没有上千个，也有数百个。这些决定中的大多数都是自动的、下意识的反应，是并没有经过太多考量的条件反射。

表2.4 用设计思维精益备课

非精益思维	精益思维
我通过在课堂上尝试不同的活动和内容以实现进步	我通过系统地改变我的备课方式以实现进步

相反，备课通常发生在一个“冷”环境中。你有时间去权衡各项选择，预测其结果，然后做出一个周全的决定。通过备课，我们才能在教学实战中更主观能动地做出改变。简而言之，备课让一切成为可能。

延伸阅读区

1. 关于成长型思维，你可以阅读卡罗尔 · 德韦克的《终身成长》，以了解更多。

2. 阅读道格 · 莱莫夫《刻意练习》中的“专注于练习20%的核心技能”，你将会对帕累托思维模型有更好的理解。

3. 阅读丹尼尔 · 卡尼曼（Daniel Kahneman）的《思考，快与慢》，你会对帕累托思维模型有更多认识。

扪心自问

吾日三省吾身，请时常扪心自问：

你认为这4种精益思维模型自己已经掌握了哪一种？如果要让你做出改变，你会先从哪一种思维模型开始？

表2.5　4种精益思维模型

	非精益思维	精益思维
过程思维	把备课当作填写表格	把备课当作一种思维过程
帕累托思维	尽可能地多做	做得更少，但是做得更好
成长型思维	有的人天生就更擅长备课	训练得当，任何人都能游刃有余地备课
设计思维	我通过在课堂上尝试不同活动与内容以实现进步	我通过系统地改变我的备课方式以实现进步

3

精益的习惯

备课和建房子一样都是一种设计练习，是固定流程与偶发创意的相爱相杀，是科学与艺术的碰撞和交融。

设计师们会按部就班地遵循久经考验的方法，也会融入突发奇想与发散性思维来实现他们的目标。

要做到精益备课，教师的挑战是找出备课过程中最好长期保留的部分，明确可以出其不意、随机应变的环节。那么，哪些部分可以保持不变，哪些部分则需要调整？

精益框架

> 如果限我在6个小时内砍倒一棵树，我会先用4个小时把斧头磨利。
>
> ——亚伯拉罕·林肯（Abraham Lincoln）

每个教师都会在保留部分与机动环节之间找到自己的平衡点。不过在我看来，备课过程中的某些部分是非常值得大家长期贯彻使用的。

在精益思维模型的地基之上，这些常量将会为你撑起一个备课框架，便于你在其中打造自己的备课习惯和流程。

它们看上去像是一系列不言自明、直抒胸臆的问题。可讽刺的是，我们往往会忽视这些看似简单明了的关键问题。

表3.1 精益框架

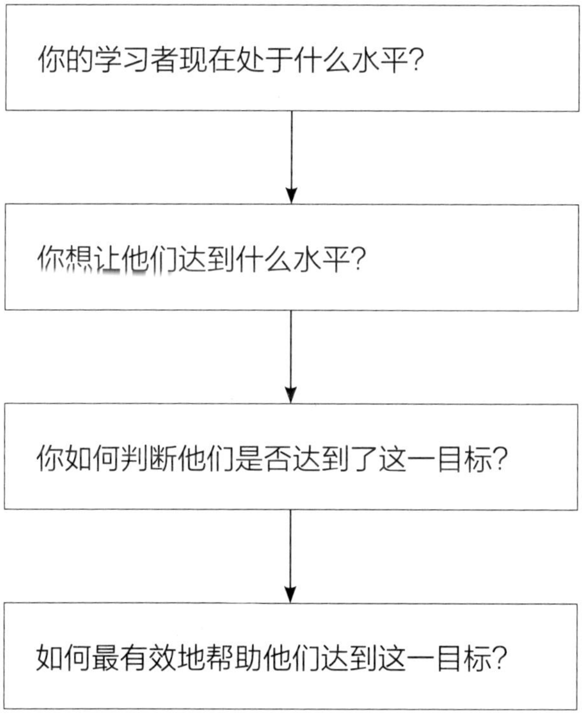
你的学习者现在处于什么水平?
你想让他们达到什么水平?
你如何判断他们是否达到了这一目标?
如何最有效地帮助他们达到这一目标?

许多教师还没想清楚教学的宏观目标，就径直开始设计细节了。于是，他们就被困在了一个极其低效的习惯当中——本末倒置地把框架的最后一个问题当成了备课的第一步。

根据我的经验，走捷径跳过精益框架的前三步可能会得不偿失。漏掉任意一个问题或者颠倒顺序，马上就会让这节课的效力大打折扣。

扪心自问

吾日三省吾身，请时常扪心自问：

在我备课的时候，我问了自己哪些问题？我的备课策略是否经常变动？我是否有目的、有意图地在备课？

揭晓精益备课的9个习惯

尽管精益框架为备课搭建了一个牢固的脚手架，但它并没有列出足够多的细节来帮助教师有效地付诸实践。因此，我们还需要深入了解备课的基本习惯。

请记住，这些习惯不是一张为你指明方向的宏伟蓝图，它们只是一些你可以借用的入门工具，你可以用它们来严于律己，逐步完善。

在本书的第二幕和第三幕，每一章都会介绍其中一个习惯。前6个习惯主要针对如何改进备课。最后3个习惯则会探讨如何规划和安排自己的职业发展学习。

在继续往下读之前，请回顾和反思一下到现在为止我们提及的要点：精益的含义、思维模型和框架。

扪心自问

吾日三省吾身，请时常扪心自问：

我的备课有多精益？现在我可以采取哪些措施来做得更少，获得更多？

表3.2　九大精益习惯

改进备课	**逆向设计：**以终为始 **认识知识：**步步为营，走向精湛 **检查学生的理解情况：**以学生所知为基石，而非其所不知 **设计高效的活动：**选择并精简最短路径 **有持久影响力的学习：**打造持久且易提取的记忆 **规划课与课之间的联系：**继往开来
职业发展	**铸就卓越：**在习惯中创造有持久影响力的改变 **成长型教学：**在创新、评估和迭代中实现进步 **共同进步：**携手共进，复利成长

第二幕

精益的备课习惯

改进备课

4

习惯1：逆向设计

如果你不知道要去往何方，就极有可能飘向迷茫的远方。

——劳伦斯·彼得（Laurence Peter）

曾与我共事的许多教师都对自己长年累月形成的备课习惯倍感沮丧。一般来说，他们可能在不经意间落入了以下一个或两个典型的陷阱。

陷阱1：以活动为中心来备课。教师首先想到的是找到一个好活动。接着，为了迎合该活动可能会带来的效果，教师会反过头来调整这节课的目的。随着时间的推移，这种方法唯一的作用就是不让学生闲着。

陷阱2：参照教学进度来备课。直接套用其他人（如同事或教科书）制定的课程目标，并没有仔细考虑学生的真实需求。久而久之，上课就变成了完成教学进度，上完教学大纲规定的内容。

这两种方法都有可能带来一些短期收益。它们为备课提供了简单且极富吸引力的出路。

然而，这两种方法的投入产出比并不理想，而且时间长了还容易扼杀教师的创造力，对学生学习的帮助也甚微。

以终为始

在约翰·哈蒂近期发表的大规模的元分析综合报告中，他提到教师优化学习的一个最佳方式就是使用逆向设计。在精益备课的语境下，逆向设计意味着：

1. 带着这个问题开始备课：在这节课结束时，我希望学生能学到什么？

2. 在这件事情上投入比你预计更多的时间。

据道格·莱莫夫观察，跟其他同事相比，高效能的教师会投入更多的时间在确定目标上，而在挑选具体活动上花费较少的时间。目的地越明确，就越有机会抵达。

这个逻辑听上去简单，但在实践中却常常被滥用和误用。

逆向设计力求帮你梳理清楚你希望学生在这堂课中学到什

么，能够做什么。

在逆向设计的过程中，你需要规划、分解出学习进程[1]的各个部分，并仔细思考如何把这些部分有机地串联在一起。

最简单的一个方法就是在课上设置一系列的学习里程碑。学习任务的设置也颇有讲究。你给出的任务应当是学生在刚上课时无法完成，在课后借助一些支持可以胜任的。

一堂课设置2—5个学习里程碑即可。过多的里程碑会动摇学生的信心与决心。

先做好这些，备课的其他部分就会更得心应手，更行之有效。逆向设计是接下来许多精益备课习惯的地基与标准。在后面，我还会多次提到逆向设计的原则和方法。

---

① 学习进程（learning trajectory）也被译为学习轨迹，包含学习目标、不同学段孩子的思考与学习过程，以及学习活动。——译者注

设置行之有效的学习里程碑

学习里程碑的效果有赖于你的设计。有效的学习里程碑应该：

- **相互关联。**就像现实生活中的里程碑一样，各个学习里程碑之间应当环环相扣。顺利抵达一个学习里程碑后，学生离下一个就又近了一步。
- **先易后难。**大多数学生都可以顺利通过第一个学习里程碑，较少的人能成功到达最后一个。
- **便于测评。**每个学习里程碑都有明确的衡量标准，这样你可以很容易地判断出学生是否达标。
- **清晰明了。**阅读完学习里程碑描述的任务后，你和学生都能够迅速理解设置它们的目的。

学生对学习里程碑的了解越透彻，他们就越能朝着它们大步迈进，取得进步。

让学生把写在黑板上的学习里程碑抄下来是远远不够的。教师还得耐心地带着他们理解每个学习里程碑的意思，最好还能展示出达标的标准与范例。

逆向设计理解起来容易做起来难。改变思维习惯需要投入大量的时间和反复的努力，但如果你真心想要事半功倍地渗透你的教学影响力，逆向设计是一个非常值得你投资的好习惯。

幕间小话

集中时间和精力练习逆向设计的目标

- 在练习逆向设计前制定目标，以可实现、可评估的目标取代概念模糊的目标，以便监控自己的练习过程。
- 逐渐增加逆向教学设计的难度。

延伸阅读区

1. 欲了解逆向设计和备课的两个误区，可阅读威金斯（Wiggins）与麦克泰（McTighe）合著的《追求理解的教学设计》。

2. 欲了解优秀的教师如何更好地分配时间，可阅读道格·莱莫夫的《刻意练习》第1章的“集中时间和精力设定练习目标”。

5

习惯2：认识知识

20世纪90年代中期，斯蒂格勒（Stigler）和希伯特（Hiebert）在一项大规模的研究中比较了不同国家的教学情况。

教师的教学实践差异竟然如此之大，完全超乎了他们的想象。一些国家的教学法所带来的深远影响让其他国家望尘莫及。

决定教学影响力的因素之一是教师如何平衡概念教学与技术教学的时间。

他们在研究中发现，美国教师更注重提升自身专业技能的娴熟度，却忽略了学生对概念的理解。日本教师则选择了一种更平衡的方法，并取得了更好的成效。

我举出这个例子并不是为了让大家奋力研发出一个完美的知识—时间公式。我想说的是，对知识的不同维度的理解，对各个维度间的相互作用的认知都会影响我们的教学决策。

精益备课法讲求的就是对这些细微的差别保持敏感。精益要求我们审慎地决定在何时关注什么内容，选择与我们自身的教学目标相匹配的教学活动。

在精益备课时，我们要认识知识，还要知道如何建构知识。

用工具类比知识

如何去认识知识呢？以我的经验来看，最有用的一个方法就是把知识看作人类随着时间推移建构并掌握的一套心智工具。

在这个类比中，在头脑中搭建工具相当于理解概念，而对工具的熟练使用则相当于对技能的娴熟掌握（有时被称为陈述性和程序性知识）。

假设你正在学习圆的面积。此时，你要试着搭建的工具就是圆面积的心智模式或心智图。

你可以建构一个非常基本的工具，比如把圆面积公式直接背下来。你也可以建构一个更为复杂的版本，比如理解圆面积是什么意思，圆面积公式是怎么来的，以及公式中的各个部分有什么相互关系。

只有在新概念与旧信息之间搭建连接的桥梁，你对这个概念的理解才能发挥出它的作用。当你把一个孤立的事实与其他信息联系起来时，它的力量就会升级壮大。最终，它会成为一张密密麻麻的意义网络上的一部分，与你已经知道的内容交织相融，并让它们迸发出更大的价值。

一条信息建立的联系越多，你对它的理解就会越透彻。

问题中的不同用词会触及理解的不同程度。看看你能回答哪些问题，你就可以知道自己对某个概念理解得有多深入。

孤立	连接
回想 描述	证明 解释

娴熟的专业技能

建构工具只是第一步。如果光想不用，再好的工具也只是个摆设。在使用心智工具的过程中，提升娴熟度与建构工具同样重要。

假设现在你想把你对圆面积的理解应用出来。一开始，你只是想熟悉一下你构建好的这个心智工具的基本用途，稍微感受一下它的使用方法。

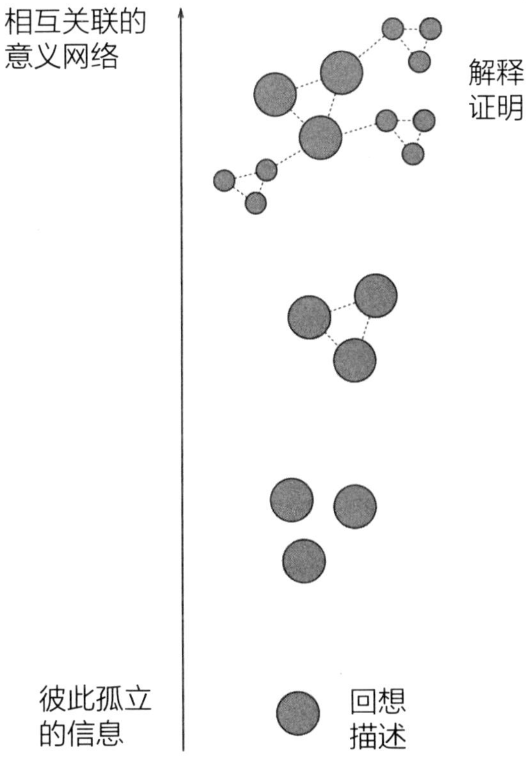

图5.1 概念的关联性

你可以先试着解答5道已知半径求圆面积的问题。做完这5道题，你对心智工具就算是入门了，对它的基本要素也有了比较熟练的掌握。

接着，你可以开始解答复杂多样的问题，每一个问题的难度依次递增。在你慢慢适应了各个问题的难度后，你对构建好的工具的使用也会变得越来越娴熟。

按部就班	随机应变
跟随指令 寻找已有信息	解决问题 创造内容

学而时习之

我们对工具的使用都是熟能生巧。我们对技能的运用越娴熟，对概念的理解就会越深刻。

不过，到了某个节点，你会发觉这个工具不够用了，你想要一个回炉升级。

升级可能意味着给现有工具添加一些功能，也可能是直接将其换成一个更精密、更高级的版本。

升级会让工具变得更强大。使用工具又会让它们更容易被理解。要想不断发展你的专业技能，迭代是个至关重要的环节。

认真思考下一页的问题，你的回答会帮助你不断打磨学习里程碑，也会让你对这节课的目标建立起清晰的认识。

你越清楚你想让学生学习什么，就能越有效地帮助他们实现这一目标。

扪心自问

吾日三省吾身，请时常扪心自问：

这节课是为了建构工具，还是学习如何更好地使用这些工具？

我应该先做哪个活动，再做哪个活动？

这些教学活动之间的相互作用是什么？

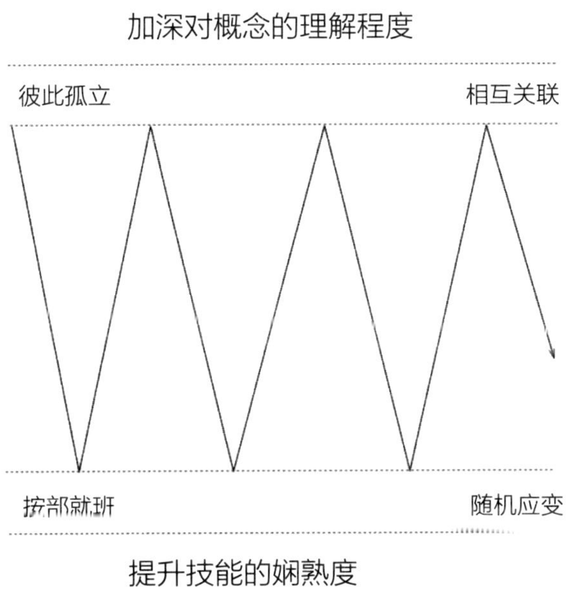

图5.2　打造有效的学习进程

延伸阅读区

1. 可阅读《教学差距》（*The Teaching Gap*）中对国际数学和科学趋势研究（TIMSS）[①]的介绍。

2. 前文提到的“意义网络”，借鉴了比格斯（Biggs）和科利斯（Collis）开发的可观察的学习成果结构分类法[②]。

---

① 国际数学和科学趋势研究（TIMSS）是一项针对4年级和8年级学生的国际性的评估项目，自1995年起每隔四年测评一次。评估内容包括学生对所学知识的运用、解决问题的能力和在不同情况下的逻辑推理能力。——译者注

② 可观察的学习成果结构分类法（SOLO taxonomy）认为人的思维阶段是可以观察到的。学生在学习知识时会经历一个从量变到质变的过程，每一次跃变，学生对这个知识的认知都会进入一个更高的水平。——译者注

扪心自问

吾日三省吾身，请时常扪心自问：

你的脑海中也出现过类似“心智工具”这样的类比吗？欢迎与我分享。

6

习惯3：检查学生的理解情况

> 冠军教师的最显著特征或许是能够区分“我教了”和“学生学会了”之间的差别。
>
> ——道格·莱莫夫

我曾旁听过数百堂课。回顾那一堂堂课，我发觉比其他任何方面都更亟待改进的是：检查学生的理解情况。

这就需要我们钻进学生的头脑里。我们探测的速度越快，数量越多，就越能获得可靠的数据来指引接下来的教学行动。如果你不去检查学生的理解情况，那么你的教学判断和决策就会像在捕风捉影，无凭无据。

有些时候，只要改进一下你检查学生理解情况的方式，你的教学影响力就会突飞猛进。

让我们来看看几种策略及其用途：

- **单人问询法**：可以让你更深入地洞察单个学生的理解情况，但要想了解全班的理解情况，这种方法的效率就比较低了。
- **交通信号灯**（或者大拇指向上/向下等方式）：可以让全班学生表明他们的自信程度。这种方法可以用于评估和建立学生的元认知意识，但并不能很可靠地评估出理解能力。
- **多人问询法**：向每个学生抛出一个简单的问题。你可以从学生们的回答中收集可靠的数据，了解教学情况。具体形式包括：让学生在小白板上写出回答，或通过某种手势来回答选择题。

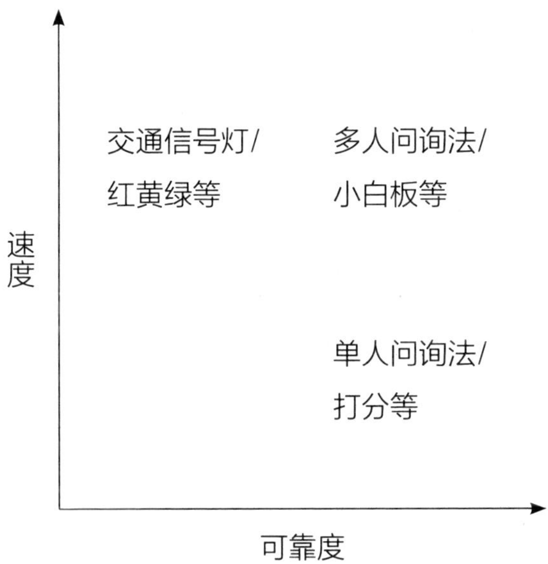

图6.1　进行全班评估的策略

- **诊断问询法**（是多人问询法的一种变形）：这种问询法不仅能让你了解谁明白了，还能告诉你不明白的学生陷入了什么误区。例如：让学生在小白板上展示推理过程，或者把单选题中的错误选项专门设计成常见的误区或错误。

我并不是想让你时刻对所有学生都采取诊断问询法，而是想要鼓励你在选择评估方式时，多加考虑每种策略的效率与适用情况。

评估策略的效率越高，你就能收集到越多的数据，从而更精准地了解到学生知道什么，不知道什么。这样一来，在备课和教学中做决策时，就会更有据可依。

课终评估

影响诊断有效性的不仅是教师检查学生理解的方式，还有检查的时机。擅长评估的教师会在课上每个关键的节点都采用高效率的评估策略。

我们一般都会选择在一堂课的尾声检查学生的理解情况。然而，这类评估做起来却并不容易，因为教师们很可能会：

1.超时：在你应对课上的各种情况时，时间一不留神就过去了。最后，你发现根本没有时间做课终评估。

2.放弃评估：有时候根据学生的精力和课堂氛围，让他们继续做手头的事情比让他们停下来做课终评估要更容易一些。

这两种情况对未来的学习都有不利的影响。如果不给课终评估留足时间，那么你就很难准确地评估你的教学情况，之后的备课效果也会受到制约。

你可以试着设置一个定时器，让它在距离下课还有x分钟时响起。你也可以让学生完成一个计时的课终评估小纸条（exit ticket）。

课终评估小纸条是一张有3—5个问题的小纸片。学生需要在一定时间内回答完这些问题，然后在走出教室时把“离场票”[①]交给你。这张纸条上的问题有两个目的：

1. 了解进度：评估学生处于学习进程中的哪个位置。

2. 充分做好准备：为接下来的备课收集各方面的信息。

---

① 道格·莱莫夫在《像冠军一样教学2.0》中，将此环节称为“出站验票”。——译者注

课中评估

除了课终评估以外，擅长评估的教师还时常会在各个活动之间，串插着检查学生的理解情况，例如，从教师讲解过渡到学生主导的活动时。

为什么要在这个时间节点上迅速进行一次理解检查？因为这会让你快速了解有多少学生“吸收”了你的讲解。如果大多数学生都明白了，那么你就可以水到渠成地进入下一个活动了。反之，如果大多数学生都一头雾水，那么你可能需要暂停一下，先帮助学生咀嚼他们尚未消化好的部分。

课中评估还可以帮助你根据学生的需要重新调整教学，进而让你的授课真正适应教室里的实时情况，而不是只盲目地按部就班。

课中评估着重强调两点：教学应当从学生的学情出发；要想推进教学，教师应当深思熟虑，做到有理有据。

课前评估

一些教师想在正式上课前评估一下学生的先验知识[①]。不过，我认为这种评估的用处并不大。拿到评估结果又如何，毕竟这时候你再想大刀阔斧地修改教案为时已晚。

要想修改教案，课终评估才是你的不二之选。你完全可以把课前评估的时间用来帮助学生关联相关的先验知识。在知识之间建立连接才是让学生化知识为己用，进行有持久影响力的学习的硬道理。

① 先验知识（prior knowledge）指的是学生在课前已经掌握的和这个话题有关的知识。——译者注

我们会在第11章继续讨论评估方面的内容。在那之前，我们还得再深入了解一下效率。接下来，就让我们通过活动的选择与设计来讲讲备课的效率。

幕间小话

收集学生对知识掌握的信息

教师可以通过两种主要方式收集学生知识掌握情况的信息：提问和观察。

授课后，教师可以向学生提问，从学生的答案中听取有用的信息。教师要有精心设计问题的意识，要知道学生的自我汇报有的时候不太可靠，教师应该采用客观、即兴的评估问题代替程序化问题。或者给学生分配任务，让学生独立完成，并留心观察学生的情况。

延伸阅读区

1. 关于快速评估学生的理解程度，如果你想获得更多见解，可阅读道格·莱莫夫在《像冠军一样教学2.0》中提到的技巧1“摒弃学生的自我汇报：让学生在问题中高效学习”。

7

习惯4：设计高效的活动

> 我有4堂课（要准备），从前备课中那些漫无目的的搜索都一边去吧。
>
> ——迈克尔·佩尚（Michael Pershan）

你有过这样的经历吗？在备课时设计了一个其实根本不需要那么复杂的活动[①]。也许你的如意算盘是让学生在课上发挥创造力，来点肢体活动，或是进行合作。不过，尽管你做足了准备，

① 这里的活动指的是教师的讲解、示范和提问，以及学生主导的各种任务。——作者注

这节课最终并没有达到你预期的效果。

事实上，在备课时，往往少即是佳。

精益备课讲求的是减少无用的噪声和放大必要的信号，摒弃无关紧要的信息，把精力聚焦在重要的内容上。

如果一件事未能增加价值，那它就是在削减价值。

莱莫夫的“选择最短路径”

奥卡姆剃刀定律（Occam's law）[①]说的是，最简单或最显而易见的解决方案往往是最好的。

走最短路径不等同于走捷径或降低学习难度，当然也不意味

① 这个原理称为“如无必要，勿增实体”，即“简单有效原理”，由14世纪英格兰的逻辑学家威廉提出。我们可以理解为在做一件事的时候，如果有一个简单的方法解决问题，就不要去选择更复杂的方式。——编者注

着要摒弃创造力、肢体活动或合作等内容。

我们要学着挑选和精简教学活动，并在必要时去掉某些内容。这样做是为了帮助学生直接瞄准学习里程碑，少走冤枉路。这就是莱莫夫提到的“选择最短路径”。

幕间小话

选择最短路径

教学的目的是找到从A（缺乏知识和理解）到B（长期持久的知识和理解）的最短路径。

评估教学效果的主要标准应该是“让我如何快速到达那里?”道格·莱莫夫认为高效率的教师应该让直接指令成为课堂的常规内容，也应该使用互动策略让学生参与其中。尽管一些教学设计巧妙严谨，教学过程令人愉悦，但是它们同时也会干扰教师，让我们无法选择让学生最快、最有效达到目标的方法和课程设计。

扪心自问

在打磨精益的教学活动时，不如扪心自问：

为了让学生顺利迈向下一个学习里程碑，我至少需要提供哪些内容？

为注意力而教学

我们的课堂是当今注意力经济的一个缩影。高效能教师把学生的注意力视为一种稀缺品，他们会在备课中考虑以下几点：

- 把教师主讲的时间限制在5—10分钟。
- 把大多数教学活动控制在15分钟左右，注意切换活动带来的诸多弊端，比如徒增的认知负担或者时间成本。
- 避免布置那些需要学生一心多用的任务，比如让学生同时兼顾多个事项。
- 尽量给学生提供活动框架，使用活动流程图，减少直接发出活动指令。

扪心自问

吾日三省吾身，请时常扪心自问：

我至少需要讲解哪些内容才能让学生顺利进入下一个教学活动？学生至少需要完成哪些刻意的练习才能取得进步？

好玩不是终极目标

在了解了精益活动后，很多教师担心这些活动缺乏足够的乐趣。他们觉得学生会因此失去对学习的兴趣，甚至最后止步不前。

不过，多年的教学经验告诉我，学生获得的最大的乐趣是成功带来的。如果你能帮助学生潜心专注于一个个学习里程碑，他们不仅会收获巨大的乐趣，还能形成更好的学习态度。好玩固然重要，但锦上添花即可，切不可喧宾夺主。

什么样的挑战能孕育成功？

精益活动的目标是帮助尽可能多的学生体会到成功的滋味。通往成功的路上，学生经历的挑战的难度要刚刚好，过犹不及。你的目标是让尽可能多的学生长时间待在挑战区里，不要让他们滑回舒适区或是跌入迷茫区。

那要怎么做呢？我总结了两类极易上手、不需要过多准备的活动，它们或许能为你提供一些帮助：

- **低门槛、高天花板的活动：**所有学生都能参与，但是学生的能力决定了他们完成的质量。这类活动一般是开放性的，需要学生自行研究和调查。

- **统一起点、遥遥终点的活动：**给学生准备一系列难度依次递增的问题。所有人都能回答第一个问题，但是可能没有人能答上最后一个问题。

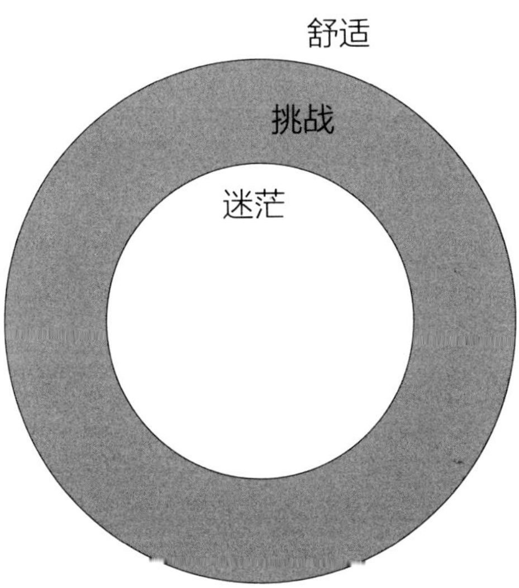

图7.1 （非）学习分区

除了准备恰当的挑战以外，别忘了准备好随机应变，适时调整挑战的难度。一个简单的方法就是随时增加或减少支持，如提示卡、写作框架或计算器。

需要注意的是，有时候我们会操之过急，过早地推进到下一个活动或提及课本下一页的内容（或类似的情况）。欲速则不达，精益的目标是深入而不是飞速。

不可或缺的反馈

各种教学环节可谓八仙过海，各显神通，而这其中最强大的非反馈莫属。约翰·哈蒂在他的分析中提到，反馈带来的效果几乎是其他所有环节平均值的两倍。

在标准的精益活动中，反馈是至关重要且必不可少的环节。

反馈环节不一定需要由教师主导。流程清晰、结构完善的同伴反馈和自我评估也卓有成效。如何界定反馈是否有效呢？请参考以下几点：

- 能缩短学生与下一个学习里程碑之间的距离。
- 重点关注如何帮助学生推进学习，而不是错在哪里。
- 在给出反馈的同时，能提供多种把反馈付诸实践的方法与机会。
- 重点关注那些能帮助学生取得大进展的小变动。
- 摒弃分数，提供形成性评价[①]。

① 形成性评价（formative comments）是指在对学生学习过程的观察、记录、反思后做出的发展性评价。——译者注

延伸阅读区

1. 若想了解更多极简解决方案，可阅读奥利弗·昆兰（Oliver Quinlan）的《会思考的教师》（*The Thinking Teacher*）第8章“最简可行课”（Minimum Viable Lessons）。

2. 关于“选择最短路径”，可阅读道格·莱莫夫的《像冠军一样教学2.0》中的技巧19“双重规划：为学生在每个时间点的表现做好准备”。

3. 关于避免让学生陷入一心多用的任务，可阅读约翰·哈蒂的《可见的学习与学习科学》第6章“背诵法和课堂学习的本质”；为了更好地平衡好玩、成功与让学生学习的关系，可以阅读“时间作为课堂学习的综合指标”。

4. 关于活动指令，如果你想获得更多信息，可阅读伊万·麦金托什（Ewan McIntosh）写的博文《少点指令，多点结构》（*Fewer Instructions, Better Structures*），可搜索edublogs了解更多。

5. 关于反馈，可阅读约翰·哈蒂《可见的学习：最大程度地促进学习（教师版）》的第7章“课的流程：反馈”。

6. 如果你想了解如何把反馈付诸实践，可阅读哈里·弗莱彻-伍德（Harry Fletcher-Wood）写的《从打分到反馈》（*Moving from Marking to Feedback*）。

7. 了解形成性评价的概况，可阅读迪伦·威廉的《融于教学的形成性评价》。

8

习惯5：有持久影响力的学习

在教师面临的各种挑战中，最棘手的当属帮助学生记忆。这份对学习内容的记忆不光要撑到做完作业，还要延续到考试中，甚至还要持续到未来的生活里。

精益备课不仅讲求让学生实现课上的高效学习，还要为学生打造有持久影响力的学习。

什么是有持久影响力的学习？虽然距离上一次正式地探讨这个知识点已经过去好几周了，但是学生不仅能回想起，甚至还能轻而易举地应用这个知识点，这样的学习就是有持久影响力的学习。这其中有两个关键点：时间跨度大与应用自如。

要促成有持久影响力的学习，教师的备课就得围绕大脑的记忆机制来展开。围绕记忆机制？听上去容易，但做起来难。

思考：量少而质精

> 记忆是思考的残余物。
>
> ——丹尼尔·威林厄姆（Daniel Willingham），
>
> 《为什么学生不喜欢上学？》

学习之际便是思考之时。可问题是大脑的思维带宽（有时也被称为工作记忆或认知负荷）有限。在任何时刻，大脑能同时思考的事情都屈指可数。

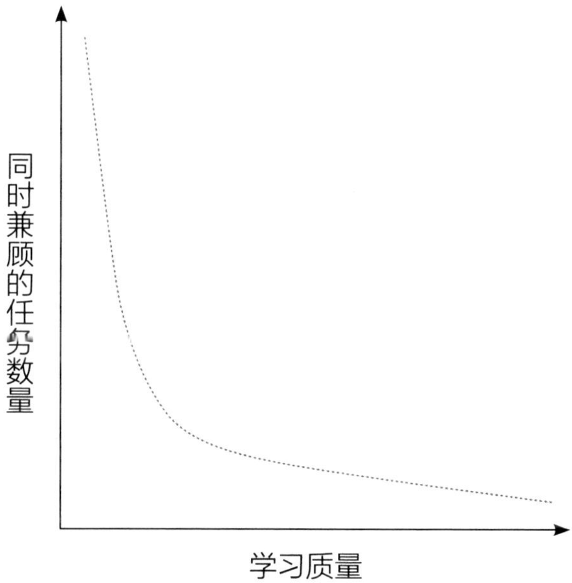

图8.1 任务数量与学习质量关系曲线

学生在同一时间考虑的事情越多，他们总体的思考质量就越差。而思考的质量越差，他们的记忆痕迹就会越浅，生成有持久影响力的学习的机会就越渺茫。

> 任何时候你想要学习、习得知识或者深入思考时，一心多用都是错误的选择。
>
> ——约翰·哈蒂，《可见的学习与学习科学》

同时思考的事情数量会影响大脑的思考，除此之外，每次我们在任务之间切换时，大脑还会面临反应延迟。

人们常说的一心多用，实际上更像是任务切换。从长期来看，你如果能避免不必要的任务切换，就能省下更多用于思考的时间。

因此，思考应当量少而质精。

扪心自问

下次备课或设计活动时，你不妨扪心自问：

我到底想让学生思考什么？我不想让学生把思维带宽浪费在哪些方面？

对接新旧信息

影响学习最重要的因素是学习者已经知道的东西。

——戴维·奥苏贝尔（David Ausubel），

《教育心理学》

如果学生能在他们已经掌握的知识上添砖加瓦，这些新砖瓦就会有更持久的影响力。我们的大脑是一台“理解”机器，那些对大脑没有“意义”的内容（不能与我们现有的理解框架对接的信息）很快就会被抛之脑后。你可以用以下方式来促进新知识与旧信息的对接：

- 探索在某个话题上学生已经知道的内容，然后在此基础上设计和选择教学活动。
- 找到学生的兴趣点，接着从这些兴趣出发，寓教于对他们来说有意义的场景。

- 帮助学生看到他们正在学习的与他们已知的信息之间的联系。

在对接与串联新旧信息方面，概念图[①]是一个非常好用的工具。

间隔重复式学习

记忆是有半衰期的。就像放射性同位素一样，记忆会随着时间的推移而逐渐衰减。有些记忆的半衰期很短，有些则会持续更长时间。而记忆衰减的速度取决于这些记忆的形成方式。

① 在概念图（concept map）上，每一个节点都代表一个概念，节点之间的连线则表示概念间的关系。——译者注

有很多方法可以帮助我们延长学习的影响力。

在学校学到的大多数新知识，它们的半衰期普遍都非常短暂。如果置之不理，这些知识很快便会烟消云散。如果能在记忆消失之前重温一下知识点，你就能延长知识在你脑海中停留的时间。

每一次重温都能延长这个记忆的半衰期。如果重温的时机得当，你就能形成持久的学习记忆。

幕间小话

进行分散练习

没有必要把与特定概念相关的所有时间都集中在短时间内完成，甚至在特定单元内进行。当练习间隔开时，记忆会更持久，重复练习同样的技能容易令人厌烦，最好做出一些改变。如果给学生的学习材料跨越一周、一个月或三个月，学生就不会轻易发现他们遇到的问题是曾经做过的练习的变体，他们会不由自主地思考如何解决问题，将他们所掌握的知识和技能都发挥出来。

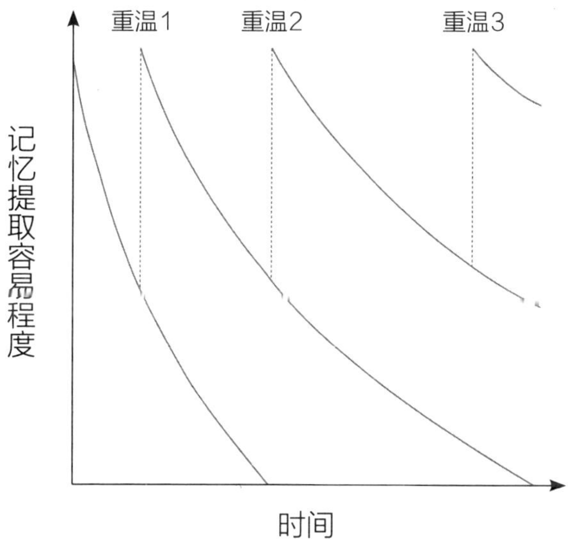

图8.2　记忆衰退曲线[①]

① 基于艾宾浩斯记忆遗忘曲线。——作者注

你需要根据自己的情况慢慢帮助学生找到适合他们的重温节奏。在迈出第一步之前，你可以参考下面的间隔重复式学习（有时称为分布式学习）的时间表：

1. 第一次接触时：在课上，学生们第一次接触到一个概念或流程。

2. 几天后：再次遇到这个知识点时，教师带着学生回顾关键点，做几个巩固活动来激活这段学习经历。

3. 几周后：几节课后，以及几周后再用类似的方式重温知识点。

有一点需要大家注意，每次重温都需要有些许改动，但不宜过多。作为教师，你可以增加一些内容或调整一下场景。不过，请确保学生还能从中识别出熟悉的框架与信息。

扪心自问

别忘了从学生们已经知道的信息入手，问问他们：

你们还记得上次探索这个话题时，我们学习了哪些内容吗？①

① 斯蒂芬·洛克（Stephen Lockyer）提出10:10:10法则（10:10:10 rule）：10秒学生总结，10分钟后第二次总结，10天后第三次总结。——作者注

刻意练习

不是熟能生巧，而是熟能生久。

——道格·莱莫夫

给学生们打造刻意练习的机会可以帮助他们更游刃有余地提取记忆。不妨试试下面这些方法：

- **练习核心：** 深入地练习少量但重要的知识点。
- **优先温故：** 在引入新内容前，先给学生复习和巩固旧知识的机会。
- **以反馈为新一轮学习的起点：** 在提供继续练习的机会时，还要给学生提供高质量的反馈，指出具体如何改进。
- **循序渐进：** 一点点地增加挑战的难度，不要操之过急。

- **专注亮点：**练习你擅长且有进步空间的点。
- **夯实基础：**重复练习基础概念和流程，熟练之后方可为更多、更复杂的学习腾出思维带宽。
- **为成功而练习：**练习不是为了找出错误，而是从错误中总结经验。

练习中的经济学

间隔重复式学习和刻意练习非一日之功。作为教师，我们的第一反应往往是：我也很想多试试这些方法啊，但教学任务那么重，我根本就挤不出时间呀。

然而，我并不觉得这些方法是在浪费教学时间。从长远来看，如果在备课时不考虑记忆，教师们只会在教学上投入更多的时间。一次次地记不住，一遍遍地回顾，学生们始终难以形成长期的学习记忆，更别说自如地提取记忆了。

随着学生年级的增长，这个问题只会变得更加复杂。如果不能自如地提取和应用简单入门的知识，面对复杂的概念与逻辑时，学生就会无所适从。

相比之下，如果能自如地提取和应用基础知识，学生便能把有限的思维带宽更多地用于理解更难的内容上。

转眼第二幕也趋近尾声。在这一幕中，我们已经探索了有助于改善备课的习惯。在进入最终幕前，我们还需要一个习惯来穿针引线。

延伸阅读区

1. 克里斯·鲍尔顿在《记忆会阻碍学习吗?》(*Does Memorisation Get in the Way of Learning?*)中非常精彩地介绍了记忆与学习的话题。

2. 关于“大脑是如何思考和运作的”，可阅读丹尼尔·威林厄姆的《为什么学生不喜欢上学?》。

3. 关于重温学习内容这个话题，可阅读格雷厄姆·纳托尔(Graham Nuthall)的《学习者不为人知的一面》(*The Hidden Lives*)获得更多信息。

9

习惯6：规划课与课之间的联系

> 专家型教师能够将课程设计为互相联系的、有次序的步骤。
>
> ——约翰·哈蒂，《可见的学习与学习科学》

读到这里，想必你已经意识到精益备课并不拘泥于单独的一堂课。精益备课不再把学习整齐划一地分进一节节课里，而是把学习视为一次延绵不断的思考之旅。

与课上的教学活动、实际情况同样重要的是课与课之间的关系。

“复旧如新”型备课

在上一章中，我们说到，真正的学习发生在形成持久记忆力之时，而不是在初次留下印象之时。这一点也可以用在第4章提到的逆向设计上。

仅仅思考“我希望学生在这堂课结束时学到什么？”已经远远不够了。

我们还得问：在今天的课上，我们还需要重温从前学过的哪些内容？

第二个问题要求我们回想学生上一节课学了什么，上周的课学了什么，甚至是上个月的课学了什么。

精益备课旨在帮助教师练习回顾、巩固和修复过往的学习。它既是为了抓准教学的时机，也是为了提高教学的效率。

“以未来为始”型备课

当你坐在办公桌前开始潜心备课时，当你开始回顾之前的课堂时，你也许可以展望一下未来的教学：为了方便明天的备课，我应该在今天这堂课上评估哪些先验知识？

现在，你心里可能在犯嘀咕：这感觉没那么容易。是的，万事开头难，但只要慢慢建立起了习惯，你就会发现它会逐渐成为备课中一个无比简单与自然的环节。甚至在某一时刻，不在备课中展望未来反而成了一件难事。

接下来，我们将踏入精益备课的新领域——严于律己、从容有序地在职业成长中发展出创新力、合作与习惯。系好安全带，我们要向第三幕进发了。

第三幕

精益的职业成长习惯

职业发展

10

习惯7：铸就卓越

我们的重复行为造就了我们。因为，卓越不是一种行为，而是一种习惯。

——亚里士多德

人类是习惯的动物。通常情况下，我们做出的决定与行为几乎都是习惯与日常惯例的产物。

备课也不例外。备课只是我们日积月累培养出的一种日常惯例，是一个个思维习惯的合集。

依靠习惯行事不见得是什么坏事。习惯不仅能让我们迅速地实现事半功倍，还能让我们把注意力集中在重要的事情上。

只有在少数情况下，习惯会带来一些风险，例如在我们无意识地使用它们的时候，以及习惯与目标不相匹配的时候。

不幸的是，这些少数情况却时常发生，接踵而至的便是不尽如人意的教学和挫败感。

第二幕中的各项策略固然有用，你也可以把它们烂熟于心，但如果你并不清楚如何把它们融入日常教学活动中，实质性的改变是不会从天而降的。

精益备课不只是一种优化教学影响力的方法，更是一套帮你严于律己、从容有序地实现自我提升的练习。

让我们来看看你可以用哪些策略来改变自己的习惯。

正念意识

所谓正念就是意识到自己的所作所为，觉察到自己的所愿所想。

你要意识和觉察的是你的思考与感受，还有你的行为。

怎样才能提升自己的正念意识？一个最好的方法就是每天抽出一点时间，在一个固定的环境中进行正念练习。你在练习中积蓄的能量与发展的能力会辐射和渗透到一天中的其他时刻。

大量现成的资源可以帮你开启正念之旅，并持之以恒地坚持下去，比如你可以先尝试Headspace这类引导式冥想APP。

随着练习的持续与深入，你会逐渐注意到自己的行为与思维习惯渐渐有了改变。

不妨来做个小实验吧。请随意设置一个闹钟，在闹钟响起时，试着停下手头的一切。

扪心自问

吾日三省吾身，请时常扪心自问：

我现在到底在做什么？这是我会主动选择做的事情吗？

搭建习惯

你越能意识和察觉到自己的习惯与日常惯例，你就会越想改进它们。一个有效的改进措施需要满足以下两个标准：

1. 改进要与你的目标紧密相关

2. 改进需要持久

改变你的行为模式与思考方式绝非易事。下面这些步骤也许能助你一臂之力：

1. 识别。对你目前的备课方式有一个清晰的认识。把备课中的所做所思从头到尾依次写下来。

2. 构建。敲定你认为比较理想的备课惯例或备课流程。回想你从本书中学到的东西，把它们都罗列出来。

3. 抽离。从当前的备课流程中选择一个小小的部分进行改变。这个改变虽小，却能让你朝着理想的备课流程更近一步。

4. 查验。制作一份清单，把它贴在醒目的位置。这份清单不仅可以督促你践行那个小小的改变，还可以帮助你跟进这次改变的进度与进展。

5. 迭代。一旦你不再在这个小小的改变上耗费大量精力，就可以开启新一轮的改变了。把新改变加入清单，循环往复。

搭建新习惯本身是一个潜移默化的缓慢过程。除了新手教师之外，大部分教师已经形成了根深蒂固的备课惯性。因此，持久的改变要求我们付出耐心与毅力。

优化备课环境

为了抵制甜食的诱惑，你可以把巧克力放在橱柜的最高处。

异曲同工的是，调整备课环境最终也会影响你的教学质量。

优化备课环境归根结底就是找到一个没有干扰或不会让你分心的时间和地点。关上门，把手机扔得远远的。备课不仅需要你的创造力，还需要你应对各种复杂的问题，因此唯有全神贯注才能迎难而上。

幕间小话

学习平衡技术与生活

无论是高科技、低科技还是零科技，我们要知道如何协调科技与日常生活，这样它才不会消耗你的时间，将你的注意力从你所关注的信息中转移。要对我们的手机进行管理，以提高效率、减少杂乱。隐藏、删除和规划应用程序有助于保持有序，以便专注于手头的任务。通过整理收集，我们更能判断出什么是紧急或重要任务，什么任务（和应用程序）只是在耗费时间。

扪心自问

吾日三省吾身，请时常扪心自问：

我备课的时间与地点是什么，哪些调整可以为我的备课带来积极影响?

迈出第一步

千里之行，始于足下。

——老子

万事开头难，第一步往往是最容易失败的。可一旦成功地踏出了第一步，你就大幅增加了日后取得进展的可能性。

如果你真心想要改进备课，提升自己的教学影响力，请现在立即、马上和我一起迈出第一步吧。

第一步不需要步伐很大。事实上，第一步反而越小越好。读完这一页，请合上书，采取一个小小的行动，把它作为你朝着精益备课迈出的第一步吧。

做完之后再继续往下读吧。

欢迎加入精益备课俱乐部。

机器人教师？

自动化与深度思考相辅相成。

——约翰·哈蒂

在我们结束本章之前，我想向你保证，我所说的养成习惯并不是为了把你变成一个毫无生气的自动装置。

想象力会在不断变化和充满约束的环境中蓬勃发展。习惯与目标的对接只会让你在备课、教学之时充满激情与创意，而不是变得木讷或机械。

是的，变化往往进程缓慢，循序渐进、耐心地去适应它吧。我相信，在不久的将来，你就会深深沉迷于那春去秋来的点点滴滴的变化。

只要迈出了第一步，你理想的备课流程就会持续地迭代、发展。你的改进清单会伴你左右，成为见证你成长的试金石。

搭建习惯最终也会成为一种习惯。

在这一章中，我们了解了你可以怎样做出改进。接下来，我们会一起探索如何锚定正确的改进方向。

幕间小话

在实现目标的旅途上，你可能会在某一个时刻意识到自己已处事不乱、运筹帷幄。你也许永远无法到达最初的目的地，但毋庸置疑正在变得越来越好。

延伸阅读区

1. 关于备课环境与教学质量之间的关系，可阅读奇普 · 希思（Chip Heath）和丹 · 希思（Dan Heath）的《瞬变》。

11

习惯8：成长型教学

> 有资料显示，很多人常年从事某一活动，却没能精进技艺。
>
> ——约翰·哈蒂

还记得第5章提到的研究吗？该研究比较了不同国家在改进教育体系时所采取的各类方法。

这个研究涵盖30年的时间跨度。在这30年间，美国曾进行了好几次翻天覆地的教育改革，而日本则打造出了一种崇尚循序渐进、日积月累的改善文化。日本的做法成效更佳。

与之类似的是，使用精益备课法的教师专注于日常教学中细微的改变。他们一直孜孜不倦地观察、分析和理解这些改变对教学的影响。

这群教师的目标告诉他们：最好的并非是成为精湛型教师，更好的是成为成长型教师。他们努力让自己的教学比昨天更好，比去年更好，有朝一日，比最好还要好。

精益备课讲求的是边际汇总增益[①]，避免停滞不前。

① 边际汇总增益（Aggregation of Marginal Gains），是由英国国家自行车队前教练戴夫 · 布雷斯福德（Dave Brailsford）提出的，指的是将骑自行车拆解为各个环节，并把分解出的每个环节都改进1%，这些改进汇总起来就会使整体得到显著提高。——译者注

11 习惯 8：成长型教学

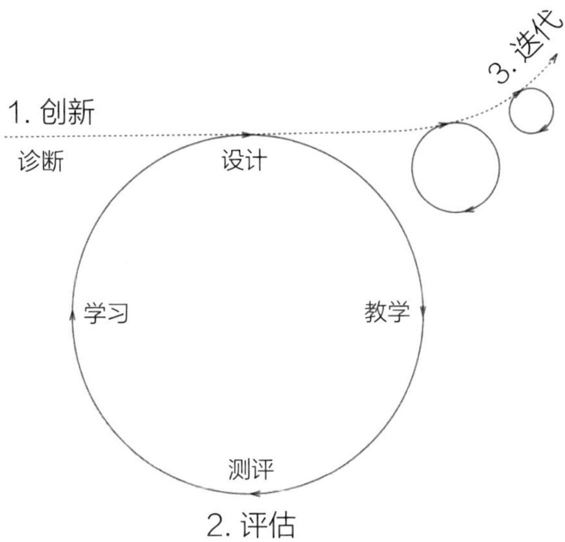

图11.1　成长型教学曲线

你可以用这个简易框架来助力你的成长型教学。

- 诊断：确定你想要改进的教学环节
- 设计：制定一个（你认为在实践中）成效更好的方法
- 教学：不断在课堂上实践这个方法
- 测评：评估新方法的效用
- 学习：复盘实践中的具体情况，重复这一流程

成长型教师会不断调整他们的教学，还会持续观察、分析和理解这些调整所带来的影响。

成长型教师希望通过持续迭代来精进教学。为此，他们会把大量时间投入到创新与评估的环节中。那么，在创新与评估的过程中，你需要注意什么呢？

循证教学有必要吗？

在设计阶段，你也许会想从相关领域的研究中汲取灵感。有时候，你能找到实证作为参考，而有时候并不能。有时候，你会选择循证实施教学，而有时候则不会。

这都没关系。我们可以借鉴研究和认证过的高效的教学策略，但改善教学的长久之计并不止于此。

教育界的大多数研究处于创新的下游，也就是说你只能从研究中读到大家尝试过和测试过的工具和教学法。有时候，你需要逆流而上，直达上游，从源头开始创新。

那么，在你只能循证教学时，请不要把研究当作现成的工具，拿来就用。它们只是一个引子，你的教学实验还是要围绕课堂上的真实情况来展开。

评估影响力

评估自身影响的热忱是杰出教学最为关键的杠杆。

——约翰·哈蒂

在设计完新的备课方法，牛刀小试几次后，你就该来评估一下它了。

当然，评估也别操之过急。要先给这个新方法一点慢慢起效的时间。一般来说，你得先克服旧方法的惯性，与新方法进行一段时间的磨合，然后才可能看到这次变动所带来的好处。

再说了，如果对现有模式的影响力缺乏笃定的了解，探索新的教学策略只会白费工夫。

扪心自问

吾日三省吾身，请时常扪心自问：

这种方法对学生的学习有何影响？这种方法是如何影响他们的学习的？

全面的评估

最有力的评估往往包含了多种评估方式。

1.进度指标：从课终反馈小纸条、课内评估和考试结果中获得的数据。

2.课上观察：从教室里的其他教师那里收集到的反馈，或者你自己录制的教学视频。

3.学生调查：学生通过回答有针对性的问题，记便笺，交上的课终反馈小纸条或课后面对面给你提供的反馈。

你能从这套三管齐下的方法中获得不少数据来支持你的评估。没有数据的评估就只是一种主观的反思。

除了考察新方法的影响力以外，评估的另一个目标是帮你弄清楚新方法是如何起效的。

迭代影响力不仅是为了改善教学，也是为了参悟你的教学。

幕间小话

学习性评估：一种促进学习的评价方式

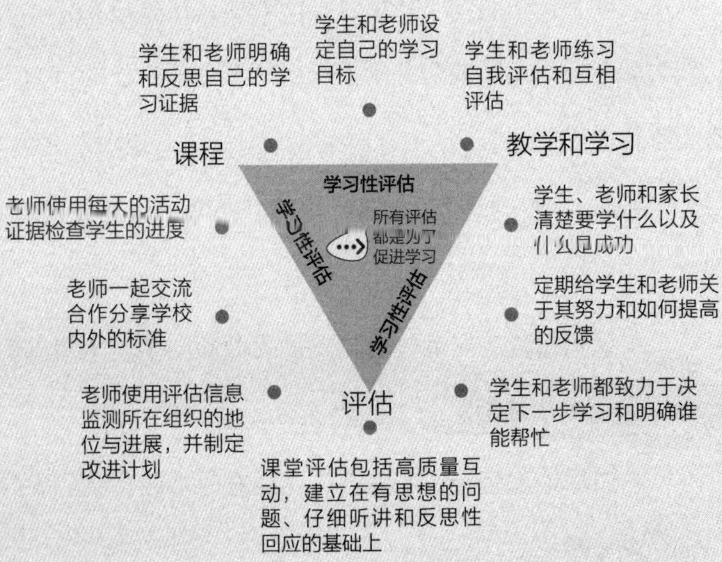

常见的挑战

为什么说评估是一件难事呢？首先，学习本身就是错综复杂的。其次，作为主讲教师，评估自己的教学谈何容易。

作为非专业人士，我们并不擅长拆解和分析自己的行为，但不擅长不代表不需要。

为了弥补这种不擅长，我们就得格外小心，注意规避以下3个误区：

- **认知偏差：**在某些情况下，我们倾向于使用错误的逻辑来做出糟糕的判断。
- **过早地盖棺定论：**内心的冲动有时会敦促我们大放厥词，断章取义。

- **替代性指标**[①]**：**在评估学习（往往看不见摸不着）时，我们倾向于将较多的权重赋予看得见的指标（例如，投入程度，忙碌程度）。

这一整套改变的流程看上去会耗费很多时间与精力。是的，一开始，教师的确需要投入大量的心力。不过，随着时间的推移，这个流程会非常自然地与你的教学实践融为一体。终有一天，搁置不用反而会让你浑身不自在。

除此之外，你的付出终有回报。你真的愿意每天稀里糊涂地进行教学吗？你真的不想弄清楚如何让你的教学更进一步吗？

---

① 当无法直接评估、测量某项研究成果时，研究人员会使用替代性指标（proxy indicators）来做间接考察。例如，考察家庭收入时，一个替代性指标可以是家庭固定的资产。——译者注

成长型教学可以一个人做，不过，如果有伙伴陪伴左右，它将发挥更大的作用。下一章（也是最终章），我们会探讨如何携手共进。

幕间小话

螺旋式上升的成长型教学

成长型教学需要被应用在一个周期性或螺旋式上升的教学进程中，这个习惯带有反思性的特征，为师生的教学互动提供了动态基础。在这期间，教师不光要持续检测、评估和修正自己的计划、准备和行动，还要充分收集学生们的意图、活动和感受。卓越的教师会批判性地分析和评估上述信息，以便实时地修订自己的教学方法、计划和安排，在这种连续循环的流程中，教学质量自然得以提高。

延伸阅读区

1. 关于全面评估的多种方式，可阅读托马斯·凯恩（Thomas Kane）等人合著的《设计教师评估体系》（*Designing Teacher Evaluation Systems*）以了解更多。

2. 关于认知偏差的更多情况，可阅读大卫·迪道（David Didau）的《你真的了解教学吗？》（*What If Everything You Knew about Education Was Wrong*）的第2章。

3. 关于替代性指标的更多情况，可阅读卡尔·亨德里克（Carl Hendrick）的文章《学生的投入程度：在忙不代表在学》（*Engagement: Just Because They're Busy Doesn't Mean They're Learning*）。

12

习惯9：共同进步

> 集体备课是最有可能对学生学习产生显著积极影响的举措之一。
>
> ——约翰·哈蒂，《可见的学习（教师版）》

教师明明是一个和学习息息相关的职业，但教师们真正用来讨论和分析教学的时间却少得可怜。这个矛盾点一直让我耿耿于怀，大为意外。到底少到什么程度呢？哈蒂认为在某些情况下，教师们的讨论时间1个月不会超过1分钟。

可是，分享教学经验能事半功倍地帮我们取得进步。我们如果想要改善教学，就需要让合作成为教学工作的一部分。

分享会促使你说出你在课堂上具体做了什么，以及背后的原因。分享为反思创造了机会，为老问题带去新视角，还能在更多教育工作者之间传播我们对有效（和无效）教学的定义。

分享的好处我可以说上三天三夜。

> 21世纪的星级教师是那些每日为了改善教学而工作的教师。他们的努力不仅是为了自己，更是为了千千万万的教育工作者。
>
> ——斯蒂格勒和希伯特，《教学差距》

使用精益备课法的教师把分享视为工作中不可或缺的部分。和同事们分享此类话题的见解，你们大概会相谈甚欢。

下一次遇到某位同事，不妨问问他/她：

你最近在课上教什么内容啊？你在学习些什么啊？

幕间小话

和同事分享想法

教师们通常会有各自独特的风格和有趣的方式来布置他们的课堂，但是有限的时间意味着他们很少有机会去探索同事们的课堂，并分享实践。如果你需要灵感，为什么不和同事相互探索一下彼此的课堂？依据下方提示，相信你会学到很多。

- 你是如何做的？
- 你平时参阅什么图书和资源？
- 你们是否在教室里布置了交互区域？
- 你有过迷茫和焦虑吗？如何应对？

为分享创造机会

> 如果我们能找到一种方法，将成千上万教师的努力和经验汇聚在一起，这份资源的潜力将远远大于几千名研究人员所能获得的任何成果。
>
> ——斯蒂格勒和希伯特，《教学差距》

我为什么断言教师几乎不怎么分享各自的教学实践呢？其中一个原因就是教学就像在打仗。在高压的一天中好不容易有个喘息的机会，还是不谈工作比较有利于身心健康。

那该把分享安排在什么时间呢？校领导完全可以取消某些不得人心的安排，取而代之以一两周一次，一次一小时的分享会。沏点茶，准备些小点心来缓和气氛，设计一份轻松的议程让教师们能心无旁骛地分享教学。

在学校之外，像是Teachmeets（教师会谈）或者Teachcamps（教师俱乐部）等校外交流论坛还有教师职业发展培训日也为分享提供了宝贵的平台。在这些活动上，你可以与学校之外的教育工作者切磋思想、交流经验。

你还可以试试线上交流。比如通过社交媒体应用平台找到志同道合的伙伴，建立自己的个人博客，在各种线上平台上，我们能根据自己的教学理念和兴趣搭建起各式各样的职业发展学习社区。

特别需要指出的是，我们可以在属于自己的时间和空间里使用这些工具。因此，它们能灵活地、可持续地与我们的日常生活融为一体。

分享的流程

在分享时，你的分享方式会影响到这个经验能否为他人所用，能否给他人留下深刻的印象。要想增强分享的影响力，你可以通过下面这个框架把你的教学法徐徐展开：

1. **抽离：**我现在重点关注的是什么？为什么？
2. **铺垫：**我使用这种教学法的具体场景是什么？
3. **验证：**我要怎样才能知道这种教学法是否起效了？
4. **叙述：**具体发生了什么？接下来做什么？
5. **启动：**如果他人要使用这种教学法，要怎样开启第一步？

在整个教学生涯中，教师花了大量的时间在思考，也取得了卓越的成就。然而，当他们告别三尺讲台时，许多的这些知识与经验也就随之而去了。

想象一下，在一所学校里，每位教师都会与同事分享他或她的工作和学习内容。

然后再想象一下，整个世界，每位教师也都身体力行地做着同样的事。

此时不做，更待何时？不如就从今天开始分享吧。

致谢

谢谢卡罗尔和理查德为我提供了撰写本书的机会。

谢谢杰里米带领我进入教学的世界。

也谢谢洛克耶这个坏榜样。

谢谢艾的点到为止、张弛有度。

还有妈妈和爸爸，感谢你们无穷无尽的支持。

关于作者

佩普斯·麦克雷（Peps Mccrea）是一位屡获殊荣的教师培训师、设计师与作家。

他是英才学院（Ambition Institute）[①]教学设计主任、Steplab的教育总监，也是《记忆教学法》和《动机教学法》的作者。

佩普斯有三个硕士学位、两个小孩，和一支拿得出手的舞蹈（如果你希望一睹风采，他会很乐意跳给你看）。

① 位于英国，是一家致力于向教育工作者提供职业发展培训和认证的机构。